融合型·新形态教材
复旦学前云平台 fudanxueqian.com

高等职业教育学前教育专业系列教材

幼儿园游戏活动实训手册

主　编　廖贵英　张子建

编　委　廖贵英　张子建　邓娇娇
　　　　方　方　汪　超　杨修齐

复旦大学出版社

内容提要

　　本书是与《幼儿园游戏活动实践指导》一书配套的实训手册，包含20个实训项目，涉及角色游戏、结构游戏、表演游戏、体育游戏、智力游戏、音乐游戏等类型。每个实训项目由两部分组成，第一部分"项目开展"供学生使用，有"工作任务""工作要求""工作小组""工作过程""工作后记"五个栏目；第二部分"项目评价"供教师使用，对学生进行详细考评。教师在教学过程中可以根据使用说明，自选项目进行实训。手册后附"学生成绩登记表"，可计算课程结束后的最终成绩。

使用说明

本书是与《幼儿园游戏活动实践指导》(廖贵英、张子建主编)一书配套的实训手册,内容系依据《幼儿园游戏活动实践指导》中涉及的 11 类幼儿园常见游戏,结合幼儿园教师具体工作提炼出的 20 个实训项目。任课教师在教学过程中,可以根据实际需要自由选择实训项目进行实训。每个实训项目分两大部分:第一部分是"项目开展",该部分供学生使用,分成"工作任务""工作要求""工作小组""工作过程""工作后记"5 个栏目,学生需将自己在实训过程中的观察、设计、组织游戏等操作步骤填写在相应的栏目中,学习小组成员借此互相交流和研讨。第二部分"项目评价",该部分供教师使用,教师通过对学生在第一部分的实训记录情况进行审阅,针对学生个人或小组的实训表现进行评价,确定成绩,指出问题并提供改进意见。

下面对两部分中各栏目如何使用进行说明。

一、项目开展(学生填写)

这部分由以下 5 个栏目组成,每个栏目的功能如下:

1. "工作任务"栏目

每次学习完《幼儿园游戏活动实践指导》中相应游戏类型后,教师可依据教学需要提出工作任务。每个工作任务都有若干备选项,每个小组可以选择不同的任务内容。

2. "工作要求"栏目

该栏目即对具体实训项目的整个工作流程进行概述,重点阐述操作细节,指导学生展开工作内容。

3. "工作小组"栏目

此栏目用于填写学生自发组成的小组成员信息,包括班级、组长和组员的姓名与学号,

便于教师进行评分登记。

4."工作过程"栏目

每个实训项目都包括若干个工作过程,学生根据工作过程中的步骤提示逐一完成整个项目并详细记录在本栏目里。

5."工作后记"栏目

学生可以将自己在整个工作过程中的心得体会以随笔形式进行填写,并且可以贴入关键步骤的图片,图文并茂地呈现自己对整个项目实施的反思(包括经验、教训、改进策略等,这些补充内容也作为教师评价的依据之一)。

二、项目评价(教师填写)

这部分由教师完成,用以对学生完成的该项目质量进行评价。每个实训项目总分100分,细分为若干个评分要点,教师一一进行评分。最后一处为"评价意见",教师以文字形式对项目中出现的亮点或问题进行记录,以便学生能够更全面深刻地认识自己的工作质量。

手册后附学生成绩登记表,教师可将本门课程所有已开展的实训项目成绩进行登记,计算平均分数。

本书的编写单位为九江职业大学学前教育学院。具体编写情况如下:廖贵英老师编写了"实训项目七 表演游戏设计""实训项目八 表演游戏观察记录";张子建老师编写了"实训项目四 结构游戏观察记录""实训项目五 主题建构""实训项目九 木偶表演""实训项目十 手影表演""实训项目十一 皮影表演";邓娇娇老师编写了"实训项目一 角色游戏设计""实训项目六 七巧板拼接""实训项目十三 民间体育游戏改编""实训项目十四 感官游戏设计""实训项目十六 数学游戏设计";方方老师编写了"实训项目二 角色游戏观察记录""实训项目三 结构游戏设计""实训项目十二 体育教学游戏设计与组织""实训项目十五 语言游戏设计与组织";汪超老师编写了"实训项目十八 歌唱游戏设计与组织""实训项目十九 律动游戏设计与组织""实训项目二十 奏乐游戏设计与组织";杨修齐老师编写了"实训项目十七 棋类游戏设计"。在此一并致谢!

编 者

2019 年 7 月

目　　录

实训项目一
角色游戏设计

一、项目开展(学生填写)

(一)工作任务 (　　)班①角色游戏设计	

(二)工作要求
1. 小组成员6～8人,共同确定角色游戏区名称(如"好心情餐厅")
2. 撰写详细的角色游戏设计方案,包括游戏目标、游戏角色、游戏环境(场地与材料)、游戏规则(主要说明进区规则)、游戏内容
3. 有幼儿园模拟教室作为实训场地的院校,学生可以实地建设角色游戏区;无幼儿园模拟教室作为实训场地的院校,学生可以制作角色游戏区场景模型
4. 每组组长代表本小组介绍角色游戏区设计的作品,其他组成员和教师进行评价

(三)工作小组
班级:＿＿＿＿＿＿
组长:＿＿＿＿＿＿
组员:＿＿＿＿＿＿＿＿＿＿＿＿＿＿＿＿＿＿＿＿＿＿＿＿＿＿＿＿＿＿

(四)工作过程(共4步)	
确定名称➡撰写方案➡设计、制作、展示➡反思总结	
1. 确定名称	(1)角色游戏主题(单选,请打√,或者在横线上填写自选场景):A. 超市 B. 医院　C. 餐厅　D. 银行　E. 理发店　F. 其他＿＿＿＿＿ (2)角色游戏区名称:＿＿＿＿＿＿＿＿＿＿＿＿＿＿＿

---

① 此处可以选择小、中、大班任意一个年龄班填入,其他实训项目填写方法与此相同。

（续表）

	（3）命名原因
2. 撰写方案	（1）游戏目标（至少填写三条，可从游戏主题与角色认知，材料选择与使用，游戏态度与情感体验，语言交流、动作交往、规则遵守、习惯养成等角度设计）
	（2）游戏角色（将游戏中涉及的角色填入，比如"好心情餐厅"中设有服务员3名，主要的角色行为就是欢迎顾客的到来、为顾客点单、倒水、送餐、收拾整理桌面、保持餐厅地面卫生、欢送顾客等）

角色名称	角色人数	角色行为

（3）游戏环境（场地和材料）

区域面积：（　　　）平方米

空间布局（在下面空白处绘制空间布局平面图①）

---

① 可另行附纸画图。

（续表）

开放状态（单选，请打√）：A. 开放　B. 半开放　C. 封闭
区域墙饰（说明角色游戏区的墙饰内容、位置和设计原因）
地面设计（单选，请打√，或在横线处填写自选内容）：A. 瓷砖地　B. 木质地板　C. 泡沫地垫　D. 地毯　E. 其他_____
材料柜和置物架（投放数量和作用）
区域材料（包括成品材料和半成品材料，说明名称、数量和作用，还需说明如何根据游戏情节的发展不断更新材料）

	（4）游戏规则（包括如何控制进区人数、如何使用材料、游戏时间等）
	（5）游戏内容（说明可以开展哪些游戏情节，如"好心情餐厅"的游戏内容包括营业准备、点餐、结账等）

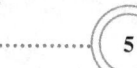

（续表）

3. 设计、制作、展示①	粘贴角色游戏区模型或实景图（全景）
4. 反思总结	

---

① 本手册中所有贴图处，图片大小不限，粘贴方向不限。

（续表）

（五）工作后记

（续表）

二、项目评价（教师填写）

角色游戏设计实训评分表（总分 100 分）

班级 _____　　区域名称 _____　　总得分 _____

项目	表　　现	分值	得分
主题选择	主题明确，来源于社会生活，尊重幼儿的兴趣与经验	5	
	主题游戏背景丰富，易于表现	10	
方案设计	主题目标明确、恰当、全面	5	
	游戏角色设计合理，角色行为表述恰当	5	
	根据主题设计合适的游戏内容	10	
环境创设	区域空间面积能够满足幼儿游戏需要	5	
	区域空间布局合理，充分利用地面、墙面等立体空间	5	
	区域空间根据游戏需要进行动态变换或调整	5	
	材料柜和置物架投放数量和作用合理	5	
	材料的数量、种类、配置等满足角色游戏活动的需要	5	
	随幼儿游戏需要和经验提升更新材料	5	
	墙面环境为游戏提供必要的互动支持	5	
	区域规则合理，体现区域需要	5	
现场展示	条理清晰、组织有序、气氛活跃	15	
工作记录	表格记录翔实，按要求粘贴照片	5	
反思总结和工作后记	反思总结和工作后记内容详细，表述清晰	5	
评价意见			

教师：_____

日期：_____

实训项目二
角色游戏观察记录

一、项目开展（学生填写）

（一）工作任务 （　　）班角色游戏观察记录
（二）工作要求 1. 教师准备一段角色游戏视频，如大班角色游戏"爱心小医院" 2. 学生观看角色游戏视频，小组成员 4～6 人，围绕如何填写观察记录表格进行讨论 3. 使用文字记录和表格记录两种形式进行角色游戏记录，针对游戏中存在的问题提出指导建议 4. 每组组长代表本小组介绍本组观点，教师进行总结讲解
（三）工作小组 班级：＿＿＿＿＿＿ 组长：＿＿＿＿＿＿ 组员：＿＿＿＿＿＿＿＿＿＿＿＿＿＿＿＿＿＿＿＿＿＿＿＿＿＿＿＿＿＿＿
（四）工作过程（共 4 步） 观察视频➡记录分析➡提出建议➡反思总结

1. 观察视频	（1）游戏主题（单选，请打√，或在横线处填写自选内容）： A. 娃娃家　B. 超市　C. 银行　D. 餐厅　E. 医院　F. 理发店 G. 其他＿＿＿＿＿＿＿＿＿＿ （2）视频时长：＿＿＿＿＿＿＿＿＿＿ （3）视频其他信息介绍（如拍摄场地、拍摄时间、参加人员、带班老师等）

（续表）

2. 记录分析	（1）请使用文字记录的方式描述视频中幼儿的角色游戏情节

（续表）

（续表）

（2）请使用两种角色游戏观察记录表记录视频中的角色游戏内容

角色游戏观察记录表（一）

班级		观察时间	
区域名称		观察者	
观察重点	• 幼儿的兴趣和参与度 • 活动的自主性、目的性和计划性 • 社会性发展水平 • 认知发展水平（角色行为、角色意识、角色认知）		
幼儿活动 情况			
幼儿活动 存在的问题			
教师指导 行为分析			

（续表）

（续表）

	姓名	角色扮演	想象的转换			社会互动	语言沟通		持续时间
			材料	动作	情境		元交际	假装	

角色游戏观察记录表(二)①

① 即斯米兰斯基社会角色游戏观察量表。

（续表）

3. 提出建议	（根据以上记录分析的结果,对教师的游戏指导提出建议）
4. 反思总结	

（续表）

（续表）

（五）工作后记

（续表）

二、项目评价(教师填写)

角色游戏观察实训评分表(总分100分)

班级_____ 游戏主题_____ 总得分_____

项目	表　现	分值	得分
分析记录	文字记录合理,把握了角色游戏的主要情节	20	
	角色游戏观察记录表(一)中对幼儿游戏行为和教师指导行为分析得当	20	
	角色游戏观察记录表(二)中对游戏中的幼儿个体行为表现分析准确	20	
提出建议	针对游戏中幼儿存在的问题提出教师指导建议,建议科学、具有可操作性	20	
小组合作	小组讨论热烈,分工合理	10	
反思总结和工作后记	反思总结和工作后记内容详细,表述清晰	10	
评价意见			

教师:_____

日期:_____

学习情境二　结构游戏

实训项目三　结构游戏设计

一、项目开展(学生填写)

（一）工作任务 （　　）班结构游戏设计	

（二）工作要求

1. 小组成员 6～8 人，共同确定结构游戏区名称（如"筑梦空间"）
2. 撰写详细的结构游戏设计方案，包括游戏目标、游戏环境（场地与材料）、游戏规则（主要说明进区规则）、游戏内容
3. 有幼儿园模拟教室作为实训场地的院校，学生可以实地创设结构游戏区；无幼儿园模拟教室作为实训场地的院校，学生可以制作结构游戏区场景模型
4. 每组组长代表本小组介绍结构游戏区设计的作品，其他组成员和教师进行评价

（三）工作小组

班级：＿＿＿＿＿＿

组长：＿＿＿＿＿＿

组员：＿＿＿＿＿＿＿＿＿＿＿＿＿＿＿＿＿＿＿＿＿＿＿＿＿＿＿

（四）工作过程（共 4 步）

确定名称➡撰写方案➡设计、制作、展示➡反思总结

1. 确定名称	（1）结构游戏区名称：＿＿＿＿＿＿＿＿＿＿＿＿ （2）命名原因

（续表）

2. 撰写方案	（1）游戏目标（至少填写三条，可从游戏主题、材料选择与使用、建构技能、游戏态度与情感体验、语言交流、动作交往、规则遵守、习惯养成等角度设计）
	（2）游戏环境（场地和材料）
	区域面积：（　　　　　）平方米
	空间布局（在下面空白处绘制空间布局平面图）

（续表）

	开放状态（单选，请打√）：A. 开放　B. 半开放　C. 封闭
	区域墙饰（说明结构游戏区的墙饰内容、位置和设计原因）
	地面设计（单选，请打√，或在横线处填写自选内容）：A. 瓷砖地　B. 木质地板　C. 泡沫地垫　D. 地毯　E. 其他_____
	材料柜和置物架（投放数量和作用）
	（3）区域材料（包括主体材料和辅助材料，说明名称、型号、数量和作用，还需说明如何根据游戏情节的发展不断更新材料）

（续表）

	（4）游戏规则（包括如何控制进区人数、如何使用材料、游戏时间等）
	（5）游戏内容（说明可以开展哪些游戏主题,如"筑梦空间"的游戏内容包括搭建高楼、城市立交桥、学校等）

（续表）

（续表）

3. 设计、制作、展示	粘贴结构游戏区模型或实景图（全景）
4. 反思总结	

（续表）

（续表）

（五）工作后记

（续表）

二、项目评价（教师填写）

结构游戏设计实训评分表（总分100分）

班级＿＿＿＿＿＿　　区域名称＿＿＿＿＿＿＿＿＿＿　　总得分＿＿＿＿＿

项目	表　现	分值	得分
主题选择	主题考虑幼儿的原有经验	5	
	主题符合幼儿的年龄特点	5	
方案设计	目标合理、全面，能准确反映幼儿的年龄特点和发展需要	10	
	根据主题设计合适的游戏内容	10	
环境创设	区域面积能保证4～5名幼儿安全开展游戏活动	5	
	空间布局合理，比例恰当	5	
	墙饰能为幼儿游戏提供必要的示范、欣赏、分享等支持，能引发幼儿与之互动	10	
	地面平整，空间足够大，如果是桌面形式，桌面足够宽大	5	
	区域柜摆放整齐，能容纳所有小型结构材料	5	
	材料投放考虑到主体材料（包括专门材料、自然材料和生活材料）、辅助材料，材料符合幼儿的年龄特点	10	
	区域规则位置醒目，规则得当	5	
现场展示	条理清晰、组织有序、气氛活跃	15	
工作记录	表格记录翔实，按要求粘贴照片	5	
反思总结和工作后记	反思总结和工作后记内容详细，表述清晰	5	
评价意见			

教师：＿＿＿＿＿＿

日期：＿＿＿＿＿＿

实训项目四
结构游戏观察记录

一、项目开展（学生填写）

（一）工作任务 （　　）班结构游戏观察记录
（二）工作要求 1. 教师准备一段反映幼儿结构游戏的视频片段（如大班"土楼搭建"） 2. 学生观看视频，小组成员 4～6 人，围绕如何填写观察记录表格进行讨论 3. 使用文字记录和表格记录两种形式进行结构游戏记录，针对游戏中存在的问题提出指导建议 4. 每组组长代表本小组介绍本组观点，教师进行总结讲解
（三）工作小组 班级：＿＿＿＿＿＿＿ 组长：＿＿＿＿＿＿＿ 组员：＿＿＿＿＿＿＿＿＿＿＿＿＿＿＿＿＿＿＿＿＿＿＿＿＿＿＿＿＿
（四）工作过程（共 4 步） 观察游戏➡记录分析➡提出建议➡反思总结

1. 观察游戏	（1）结构游戏主题：＿＿＿＿＿＿＿＿＿＿＿＿＿＿＿＿＿＿＿＿ （2）游戏材料 主体材料：＿＿＿＿＿＿＿＿＿＿＿＿＿＿＿＿＿＿＿＿＿＿＿＿＿ ＿＿＿＿＿＿＿＿＿＿＿＿＿＿＿＿＿＿＿＿＿＿＿＿＿＿＿＿＿＿＿ 辅助材料：＿＿＿＿＿＿＿＿＿＿＿＿＿＿＿＿＿＿＿＿＿＿＿＿＿ ＿＿＿＿＿＿＿＿＿＿＿＿＿＿＿＿＿＿＿＿＿＿＿＿＿＿＿＿＿＿＿ （3）视频时长：＿＿＿＿＿＿＿＿＿＿ （4）视频信息简介（包括拍摄时间、场地、人员等）

（续表）

2. 记录分析	（1）请使用文字记录的方式描述视频中的结构游戏情节

（2）请使用下表详细记录视频中幼儿个人的游戏表现

结构游戏观察记录表

观察对象：　　　　　　　　年龄：

观察者：　　　　　　　　　观察时间：

观察指标	具 体 内 容	非常符合	比较符合	一般符合	不太符合	不符合
主体性	乐于参加结构游戏					
	主题明确,有计划					
	专注地进行游戏					
概念性	对结构材料大小、形状等特性正确认识					
	对结构材料进行比较、分类等尝试					
技能性	灵活运用平铺、垒高、架空、围封等技能					
	注意对称和平衡					
	对作品进行美化修饰					
社会性	尊重他人的意见,与同伴协商、分工、合作、分享、谦让					
	遵守游戏规则,与他人协商游戏规则					
	注意保护好自己和他人的作品					
创造性	发现建构问题,提出解决方案					
	创造性地使用游戏材料					

（续表）

	（根据以上记录分析的结果,对教师的游戏指导提出建议）
3. 提出建议	
4. 反思总结	

（续表）

（续表）

（五）工作后记

（续表）

（五）工作后记

二、项目评价(教师填写)

结构游戏观察记录实训评分表(总分100分)

班级_____ 游戏主题_____ 总得分_____

项目	表　　现	分值	得分
记录分析	文字记录合理,把握了结构游戏的主要情节	30	
	表格记录对游戏中的幼儿个体行为表现分析准确	30	
建议提出	针对游戏中幼儿存在的问题提出教师指导建议,建议科学、具有可操作性	20	
小组合作	小组讨论热烈,分工合理	10	
反思总结和工作后记	反思总结和工作后记内容详细,表述清晰	10	
评价意见			

教师:_____

日期:_____

实训项目五 **主题建构**

一、项目开展（学生填写）

<table>
<tr><td colspan="2">

（一）工作任务

（　　）班主题建构
</td></tr>
<tr><td colspan="2">

（二）工作要求

1. 小组成员 6～8 人，共同确定主题建构作品的名称（如"小白鹿幼儿园"）
2. 根据主题构思和绘制平面设计图，图纸体现作品各部分的名称（如幼儿园里的教学楼、礼堂、操场、种植园等）及位置关系
3. 准备建构作品所需的主体材料（如积塑"雪花片"）和辅助材料（如自制路灯、小树、花坛等）
4. 现场限时 60 分钟完成建构作品
5. 每组组长代表本小组介绍建构作品，其他组成员和教师进行评价
</td></tr>
<tr><td colspan="2">

（三）工作小组

班级：＿＿＿＿＿＿

组长：＿＿＿＿＿＿

组员：＿＿＿＿＿＿＿＿＿＿＿＿＿＿＿＿＿＿＿＿＿＿＿＿＿＿＿
</td></tr>
<tr><td colspan="2">

（四）工作过程（共 5 步）

确定名称➡设计图纸➡准备材料➡现场建构➡反思总结
</td></tr>
<tr><td>

1. 确定名称
</td><td>

（1）主题（单选，请打√，或者在横线上填写自选场景）

A. 公园　B. 游乐场　C. 小区　D. 商业中心　E. 学校　F. 其他＿＿＿＿＿

（2）主体材料（单选，请打√，或者在横线上填写自选材料）

A. 积木　B. 积塑　C. 扑克牌　D. 纸杯　E. 纸盒　F. 其他＿＿＿＿＿

（3）建构作品名称：＿＿＿＿＿＿＿＿＿＿＿

（4）命名原因
</td></tr>
</table>

(续表)

2. 设计图纸	（请在此处绘制详细的平面图）
3. 准备材料	主体材料类型(单选,请打√)：A. 专门材料　B. 自然材料　C. 生活材料 (详细列出所用主体材料名称和数量,如雪花片 1 000 片)
	辅助材料(详细列出所用辅助材料类型、数量和辅助功能,如"自制黏土小树 20 棵,用于道路美化)

（续表）

4. 现场建构	（1）操作地点(单选,请打√)：A. 地面　　B. 桌面		
	（2）建构步骤(此处详细记录完成建构作品的步骤,比如使用雪花片建构"小白鹿幼儿园",步骤一的主要工作是在地面上用笔标记各个主建筑物、操场、种植园等区域的位置,此处不需要建构技能;步骤二的主要工作是建构主教学楼,搭建三层,建构技能有"一字插""十字插""花形插""各类组合"等)		
	步骤	主要工作	建构技能

（续表）

	（3）建构作品 粘贴建构作品照片
5. 反思总结	

（续表）

（续表）

（五）工作后记

（续表）

二、项目评价(教师填写)

主题建构实训评分表(总分100分)

班级 _____ 作品名称 _____ 总得分 _____

项目	表现	分值	得分
设计图纸	图纸清晰,设计得当,能够指导主题建构	10	
准备材料	准备充足、丰富的低结构材料,包括主体材料和辅助材料	20	
现场建构	建构步骤清晰,技能娴熟	20	
	建构作品符合主题要求,运用了多种技能,牢固美观	30	
	建构结束后将材料归类整理,收拾场地	10	
反思总结和工作后记	反思总结和工作后记内容详细,表述清晰	10	
评价意见			

教师: _____

日期: _____

实训项目六　七巧板拼接

一、项目开展(学生填写)

（一）工作任务	
（　　）班七巧板拼接	
（二）工作要求 1. 小组成员 6～8 人,共同确定七巧板拼接作品(如"守株待兔") 2. 撰写详细的七巧板作品拼接过程,包括确定七巧板副数、构思拼接内容(主角、配角、背景)、形成作品(封面、正文、封底) 3. 每组请一名代表介绍七巧板拼接作品,其他组成员和教师进行评价	
（三）工作小组 班级：_____ 组长：_____ 组员：_____	
（四）工作过程(共 4 步) 确定主题➡拼接作品➡现场展示➡反思总结	
1. 确定主题	（1）作品内容来源(单选,请打√,或者在横线上填写自选来源)： A. 故事　 B. 诗歌　 C. 寓言　 D. 其他_____ （2）作品名称：_____ （3）情节介绍

(续表)

	(1) 确定七巧板副数: ＿＿＿副(利用彩色卡纸自制七巧板,根据主题需要确定副数,如"守株待兔"使用 10 副)
	(2) 拼接内容(确定拼接的主体内容,比如"守株待兔"中拼接的主体内容有主角农夫、配角兔子以及背景田地、树桩、日出、日落等。利用七巧板形象地表现主体内容的形态变化,如"农夫"的形态变化:田里耕作——捡到兔子的喜悦——放下农活守在桩旁)

主体内容	名称	形态变化
主角		
配角		
背景		

2. 拼接作品

(3) 作品组成(在 A4 纸上拼接,装订成册,作品包括封面、正文、封底等部分,横线上填入该页文字内容)

封面: ＿＿＿＿＿＿＿＿＿＿＿＿＿＿＿＿＿＿＿＿＿＿＿

正文:

开始(第　页) ＿＿＿＿＿＿＿＿＿＿＿＿＿＿＿＿＿＿＿

经过(第　页—第　页) ＿＿＿＿＿＿＿＿＿＿＿＿＿＿＿

＿＿＿＿＿＿＿＿＿＿＿＿＿＿＿＿＿＿＿＿＿＿＿＿＿＿＿

＿＿＿＿＿＿＿＿＿＿＿＿＿＿＿＿＿＿＿＿＿＿＿＿＿＿＿

＿＿＿＿＿＿＿＿＿＿＿＿＿＿＿＿＿＿＿＿＿＿＿＿＿＿＿

＿＿＿＿＿＿＿＿＿＿＿＿＿＿＿＿＿＿＿＿＿＿＿＿＿＿＿

＿＿＿＿＿＿＿＿＿＿＿＿＿＿＿＿＿＿＿＿＿＿＿＿＿＿＿

结束(第　页) ＿＿＿＿＿＿＿＿＿＿＿＿＿＿＿＿＿＿＿＿＿

封底: ＿＿＿＿＿＿＿＿＿＿＿＿＿＿＿＿＿＿＿＿＿＿＿

（续表）

3. 现场展示	粘贴七巧板拼接作品（任意一页）
4. 反思总结	

（续表）

（五）工作后记

（续表）

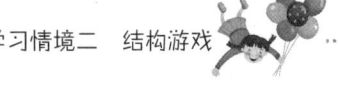

二、项目评价（教师填写）

七巧板拼接实训评分表（总分100分）

班级＿＿＿＿＿＿＿　作品名称＿＿＿＿＿＿＿＿＿＿　总得分＿＿＿＿＿

项目	表　现	分值	得分
主题选择	主题明确,作品适合幼儿表现,有一定趣味性	10	
作品内容	作品组成完整,正文包括开始、经过、结束,每一部分情节清晰,有情节发展的高潮,每一页的文字内容得当	20	
	文学作品经过改编或创编	10	
拼接技巧	熟练掌握七巧板的分图法,熟悉七巧板的玩法与规则	10	
	拼接文学作品技巧熟练,作品完整美观: 1. 能够运用七巧板拼接作品的主体内容 2. 拼接对象与文字内容同步,能根据主题发展丰富拼接内容 3. 利用七巧板准确表现作品中客观事物的形态,并摆出各种图案 4. 根据背景纸张大小决定拼接数量,防止过度拥挤,主角、配角位置明确 5. 恰当地使用七巧板拼接背景,画面丰富、饱满地表现作品内容 6. 各拼板之间紧凑摆放,不能重叠放置或单个散开	20	
合作水平	拼接秩序井然,团结协作,一气呵成	10	
工作记录	表格记录翔实,按要求粘贴照片	10	
反思总结和工作后记	反思总结和工作后记内容详细,表述清晰	10	
评价意见			

（续表）

	教师：_____ 日 期：_____

实训项目七　表演游戏设计①

一、项目开展（学生填写）

（一）工作任务 （　　）班表演游戏设计
（二）工作要求 1. 小组成员 6～8 人，共同选择表演主题。主题可以来源于文学作品，也可来源于影视作品，主题应符合幼儿年龄特点，易于理解，有情节起伏，语言和动作比较丰富。在原主题素材的基础上，进行剧本改编或创编，场景 3～4 幕，以对白为主，旁白和独白较少，易于表演 2. 撰写详细的表演游戏设计方案，包括游戏目标、游戏准备和游戏过程 3. 以班级为单位准备好表演节目单，进行现场表演，每组时间 10～15 分钟，体现出表演技巧（语言、形体、表情、歌唱等） 4. 每组组长代表本小组进行表演效果自评，其他小组和教师补充评价
（三）工作小组 班级：＿＿＿＿＿＿＿ 组长：＿＿＿＿＿＿＿ 组员：＿＿＿＿＿＿＿
（四）工作过程（共 4 步） 确定剧本➡撰写方案➡现场表演➡反思总结

1. 确定剧本	剧本名称：＿＿＿＿＿＿＿＿＿＿＿＿＿＿＿＿＿＿＿＿ （手写或粘贴打印的详细剧本）

---

① 对应《幼儿园游戏活动实践指导》学习情境三中的"子情境一　幼儿表演游戏"。

（续表）

（续表）

（续表）

2. 撰写方案	（1）游戏目标（可以从表演参与性、对故事情节的理解能力、剧本改编/创编能力、表演技巧、合作水平等方面书写）
	（2）游戏准备 经验准备： 场地准备： 材料准备：
	（3）游戏过程

（续表）

3. 现场表演	（1）表演技巧

角色名称	表演者	语言特点	肢体动作

（2）表演展示

粘贴表演照片

4. 反思总结	

（续表）

（续表）

（五）工作后记

二、项目评价(教师填写)

表演游戏设计实训评分表(总分 100 分)

班级_____ 剧本名称_____ 总得分_____

项目	表　现	分值	得分
主题选择	适合幼儿表演,情节清晰,趣味性强,易于表现	10	
	剧本书写规范,分幕表现,以对白为主,独白和旁白少	10	
方案设计	游戏目标合理,能准确反映幼儿年龄特点	10	
	游戏准备内容详实、科学	10	
	游戏过程步骤清晰,层层递进	10	
表演技巧	语言符合角色特征,包括音量、音调、音色、语气、语速等	10	
	肢体动作灵活,可观看性强	10	
合作水平	表演秩序井然,一气呵成	5	
	表演具有创造性(体现在剧本创作、道具准备、表演技巧等方面)	10	
工作记录	表格记录翔实	5	
反思总结和工作后记	反思总结和工作后记内容详细,表述清晰	10	
评价意见			

教师:_____

日期:_____

实训项目八 **表演游戏观察记录**①

一、项目开展(学生填写)

(一)工作任务 ( )班表演游戏观察记录	

(二)工作要求
1. 教师准备一段反映幼儿表演游戏的视频(如中班"三只小猪"表演)
2. 学生观看视频,小组成员 4～6 人,围绕如何填写观察记录表格进行讨论
3. 使用文字记录和表格记录两种形式进行表演游戏记录,针对游戏中存在的问题提出指导建议
4. 每组组长代表本小组介绍本组观点,教师进行总结讲解

(三)工作小组

班级:_____

组长:_____

组员:_____

(四)工作过程(共 4 步)

观察游戏➡记录分析➡提出建议➡反思总结

1. 观察游戏	游戏名称:_____ 游戏布景、服饰和道具: 视频时长:_____

---

① 对应《幼儿园游戏活动实践指导》学习情境三中的"子情境一 幼儿表演游戏"。

(续表)

| 2. 记录分析 | (1) 请使用文字记录的方式描述视频中幼儿的表演行为 |
| | |

(2) 请使用下表详细记录视频中幼儿在表演游戏中的表现

表演游戏观察记录表

观察对象： 年龄：

观察者： 观察时间：

观察指标	具 体 内 容	非常符合	比较符合	一般符合	不太符合	不符合
表演兴趣	积极、主动地参与表演					
	专注、持续地进行表演					
作品理解	理解作品的情节、结构和发展脉络					
	理解和把握角色的形象和特征					
表演表现	大胆进行表演					
	能够运用替代材料充当道具或者自制道具					
	能够进行角色的自我装扮并努力体现角色的形象特点					
	表演时使用的语言和动作符合角色特点					
	能对角色进行创意表现					
社会交往	使用交换、轮流等方法与同伴协商分配角色					
	与同伴及时协同,合作表演并坚持到底					
	遵守表演规则					

（续表）

	（根据以上记录分析的结果,对教师的游戏指导提出建议）
3. 提出建议	
4. 反思总结	

（根据以上记录分析的结果,对教师的游戏指导提出建议）

（续表）

（五）工作后记

（续表）

二、项目评价（教师填写）

表演游戏观察记录实训评分表（总分 100 分）

班级＿＿＿＿＿＿＿＿　　游戏名称＿＿＿＿＿＿＿＿＿＿＿＿　　总得分＿＿＿＿＿＿

项目	表　现	分值	得分
记录分析	文字记录合理,把握了幼儿在表演游戏中的基本表现	30	
	表格记录时对游戏中的幼儿个体行为表现分析准确	30	
提出建议	针对游戏中幼儿存在的问题提出教师指导建议,建议科学、具有可操作性	20	
小组合作	小组讨论热烈,分工合理	10	
反思总结和工作后记	反思总结和工作后记内容详细,表述清晰	10	
评价意见			

教师：＿＿＿＿＿＿＿

日期：＿＿＿＿＿＿＿

实训项目九 木偶表演①

一、项目开展(学生填写)

(一)工作任务 (   )班木偶表演
(二)工作要求 1. 小组成员6～8人,共同选择表演主题。主题可以来源于文学作品,也可来源于影视作品,在原主题素材的基础上,进行剧本改编或创编,场景3～4幕,以对白为主,旁白和独白较少,易于体现木偶表演动作 2. 进行木偶表演准备,包括搭建戏台、布置背景、制作木偶和道具、配音配乐等,以班级为单位准备好表演节目单 3. 按节目单顺序现场表演,每组时间为10～15分钟 4. 每组组长代表本小组进行表演效果自评,其他小组和教师补充评价
(三)工作小组 班级:_____ 组长:_____ 组员:_____

(四)工作过程(共4步)
确定剧本➡演出准备➡现场表演➡反思总结

1. 确定剧本	(1) 木偶类别(单选,请打√):A. 指偶 B. 棒偶 C. 杯偶 D. 袜偶 E. 袋偶 F. 提线偶 (2) 表演剧目:_____

---

① 对应《幼儿园游戏活动实践指导》学习情境三中的"子情境二　木偶表演游戏"。

（续表）

（手写或粘贴打印的详细剧本）

（续表）

（续表）

2.演出准备	（1）戏台（此处说明戏台制作的材料和方法，如何结合剧本内容进行背景环境布置。比如表演"没有牙齿的大老虎"，戏台使用储物柜为底座，上面用KT板裁剪成电视机边框，粘贴在柜子边沿，并使用三角形支架固定。边框上装饰草丛、树木和花朵，体现出森林的环境） 粘贴戏台照片 （2）木偶（此处说明木偶的名称、角色地位和操纵者。比如表演"没有牙齿的大老虎"，木偶名称是老虎，角色地位是主角，操纵者为张三）

木偶名称	角色地位（主角/配角）	操纵者

（续表）

（3）道具（此处说明表演所需道具名称、出现幕次、作用。比如表演"没有牙齿的大老虎"，需要的道具是牙刷，出现幕次为第三幕，作用是帮助表现老虎刷牙的情节）

道具名称	出现幕次	作用

（4）配音（此处说明剧本中的每个角色由谁配音，声音特点如何。比如表演"没有牙齿的大老虎"，老虎这个角色的配音人员是张三，声音特点是"粗犷、低沉、有力量"）

角色名称	配音人员	声音特点

（5）配乐（此处说明剧本中所用音乐的名称、出现位置和作用）

音乐名称	出现位置	作用

（续表）

3. 现场表演	粘贴现场表演照片
4. 工作反思	

（续表）

（五）工作后记

（续表）

二、项目评价(教师填写)

木偶表演实训评分表(总分100分)

班级＿＿＿＿＿＿＿＿　剧目名称＿＿＿＿＿＿＿＿＿＿＿　总得分＿＿＿＿＿

项目	表　　现	分值	得分
作品选择	剧本新颖,情节完整,有一定的趣味性	5	
	剧本的对白、独白、旁白得当,每一幕主题分明	5	
	剧本有创新	5	
环境创设	支架大小合适,固定在桌面上,便于演出	5	
	配合剧本内容和木偶类型设计戏台形式,场景丰富	10	
	木偶比例得当,制作精致,栩栩如生	10	
	有辅助表演的道具,运用得当	5	
表演技巧	操作技能娴熟,动作栩栩如生,可观看性强: 1. 表演者或蹲或坐进行表演,身体的最高处不能超过戏台底部边缘,保证表演者自身头部不露出 2. 动作和语言要同步,动作应根据剧情发展有丰富的变化 3. 表演对话场景时,木偶需要及时翻转,面对面 4. 所有出演木偶站立时需要保证脚部在同一水平线上,不出现"漂浮"现象 5. 根据表演边框大小决定同时出现的木偶数量,防止过度拥挤,主角、配角位置明确 6. 提示表演的音乐或语言出现时,木偶即出现,不可出现"空幕" 7. 演出时木偶不可相互重叠	10	
	语言符合角色特征(音量、音调、音色、语气、语速等),有其他特殊场景的配音	10	
	配乐能够较好地表达剧本内容	5	
合作水平	表演秩序井然,一气呵成	10	
工作记录	表格记录翔实,按要求粘贴照片	10	
反思总结和工作后记	反思总结和工作后记内容详细,表述清晰	10	

（续表）

评价意见	
	教师：_____ 日期：_____

（续表）

实训项目十 手影表演[①]

一、项目开展(学生填写)

(一)工作任务
(　　)班手影表演

(二)工作要求

1. 小组成员 6~8 人，共同选择表演主题。主题可以来源于文学作品，也可来源于影视作品，在原主题素材的基础上，进行剧本改编或创编，场景 3~4 幕，以对白为主，旁白和独白较少，易于体现手影表演动作

2. 进行手影表演准备，包括搭建戏台、布置幕布背景、选择光源、手影动作练习、配音配乐等，以班级为单位准备好表演节目单

3. 按节目单顺序现场表演，每组时间为 10~15 分钟

4. 每组组长代表本小组进行表演效果自评，其他小组和教师补充评价

(三)工作小组

班级：_____

组长：_____

组员：_____

(四)工作过程(共 4 步)

确定剧本➡演出准备➡现场表演➡反思总结

	表演剧目：_____
	(手写或粘贴打印的详细剧本)
1. 确定剧本	

---

① 对应《幼儿园游戏活动实践指导》学习情境三中的"子情境三　影子表演游戏"。

（续表）

（续表）

（续表）

2.演出准备	（1）戏台（此处说明戏台支架、幕布和光源情况。比如表演"没有牙齿的大老虎"，戏台使用储物柜为底座，上面用KT板裁剪成电视机边框，粘贴在柜子边沿，并使用三角形支架固定。在KT板边框上粘贴同样大小的拷贝纸，确保良好的透光性，并且在幕布上粘贴与森林环境契合的花草树木进行造景。光源选用面状光源的台灯） 粘贴戏台照片

（2）手影（此处说明手影造型的名称、角色地位和表演者。比如表演"没有牙齿的大老虎"，手影名称是老虎，角色地位是主角，表演者为张三）

手影造型	角色地位（主角/配角）	表演者

（续表）

（3）道具（此处说明表演所需道具名称、出现幕次、作用）

道具名称	出现幕次	作用

（4）配音（此处说明剧本中的每个角色由谁配音,声音特点如何）

角色名称	配音人员	声音特点

（5）配乐（此处说明剧本中所用音乐的名称、出现幕次和作用）

音乐名称	出现幕次	作用体现

（续表）

（续表）

3. 现场表演	粘贴手影表演现场照片
4. 反思总结	

（续表）

（续表）

（五）工作后记

（续表）

（五）工作后记

二、项目评价（教师填写）

手影表演实训评分表（总分100分）

班级＿＿＿＿＿＿＿＿　　　剧目名称＿＿＿＿＿＿＿＿＿＿＿＿　　总得分＿＿＿＿＿

项目	表现	分值	得分
作品选择	剧本新颖,情节完整,有一定的趣味性	5	
	剧本的对白、独白、旁白得当,每一幕主题分明	5	
	剧本有创新	5	
环境创设	支架大小合适,坚固并便于演出	5	
	光源选择得当,成影清晰	5	
	配合剧本内容设计幕布,有合适的造景	10	
表演技巧	操作技能娴熟,动作栩栩如生,可观看性强： 1. 角色都可以用相应手影进行表现,手影造型生动 2. 注意调整光源、手部、幕布的距离,成影效果好 3. 动作和语言同步,并能根据剧情发展有丰富的变化 4. 表演角色面对面对话场景时,应调整手势 5. 提示表演的音乐或语言开始时,手影必须出现在幕布上,不可出现"空幕"	20	
	语言符合角色特征(如语调、语气、语速、音量、音色等)	10	
	配乐符合剧情要求	5	
合作水平	表演秩序井然,团结协作,一气呵成	10	
工作记录	表格记录翔实,按要求粘贴照片	10	
反思总结和工作后记	反思总结和工作后记内容详细,表述清晰	10	
评价意见			

（续表）

	教师：_____ 日期：_____

（续表）

实训项目十一

皮影表演①

一、项目开展(学生填写)

(一)工作任务 （　　）班皮影表演
(二)工作要求 1. 小组成员 6~8 人，共同选择表演主题。主题可以来源于文学作品，也可来源于影视作品，在原主题素材的基础上，进行剧本改编或创编，场景 3~4 幕，以对白为主，旁白和独白较少，易于体现皮影表演动作 2. 进行皮影表演准备，包括搭建戏台、布置背景，制作皮影影人和道具、配音配乐等，以班级为单位准备好表演节目单 3. 按节目单顺序现场表演，每组时间为 10~15 分钟 4. 每组组长代表本小组进行表演效果自评，其他小组和教师补充评价
(三)工作小组 班级：＿＿＿＿＿＿＿ 组长：＿＿＿＿＿＿＿ 组员：＿＿＿＿＿＿＿＿＿＿＿＿＿＿＿＿＿＿＿＿＿＿＿＿
(四)工作过程(共 4 步) 确定剧本➡演出准备➡现场表演➡反思总结

1. 确定剧本	表演剧目：＿＿＿＿＿＿＿＿＿＿＿＿＿＿＿ （手写或粘贴打印的详细剧本）

---

① 对应《幼儿园游戏活动实践指导》学习情境三中的"子情境三　影子表演游戏"。

（续表）

（续表）

（续表）

2. 演出准备	（1）戏台（此处说明戏台制作的材料和方法，如何结合剧本内容进行背景环境布置） 　　　　　　　　　　　　粘贴戏台照片

（2）影人（此处说明影人名称、角色地位和操纵者）

影人名称	角色地位（主角/配角）	操纵者

（3）道具（此处说明表演所需道具名称、出现幕次、作用）

道具名称	出现幕次	作用

（续表）

（4）配音（此处说明剧本中的每个角色由谁配音,声音特点如何）

角色名称	配音人员	声音特点

（5）配乐（此处说明剧本中所用音乐的名称、出现幕次和作用）

音乐名称	出现幕次	作用

（6）特效（此处说明皮影表演时特效如何制作,包括特效名称、出现幕次、制作方法和作用。比如表演"孙悟空三打白骨精"这一剧目时,白骨精出场时可以使用烟雾特效,出现的幕次是第一幕,制作方法是贴近幕布点燃香饼,作用是营造妖怪出现的场景）

特效名称	出现幕次	制作方法	作用

（续表）

（续表）

3. 现场表演	粘贴现场表演照片
4. 反思总结	

（续表）

（续表）

（五）工作后记

（续表）

二、项目评价（教师填写）

皮影表演实训评分表（总分100分）

班级_____　　剧目名称_____　　总得分_____

项目	表　现	分值	得分
作品选择	剧本新颖，情节完整，有一定的趣味性	5	
	剧本的对白、独白、旁白得当，每一幕主题分明	5	
	剧本有创新	5	
环境创设	支架大小合适，坚固并便于演出	5	
	配合剧本内容设计幕布，不同场景有多幕更换	10	
	影人比例得当，制作精致，成像效果好，操作杆设计合理	10	
	有辅助表演道具，运用得当	5	
表演技巧	操作技能娴熟，动作栩栩如生，可观看性强： 1. 表演者身体最高处不能超过幕布底部边缘，保证表演者自身的影子不出现在幕布上 2. 影人紧贴幕布，保证最佳成影效果 3. 动作和语言应同步，并能根据剧情发展有丰富的变化 4. 表演影人面对面对话场景时，应及时将影人进行翻转 5. 所有出演影人站立时应保证脚部在同一水平线上，不能出现"漂浮"现象 6. 根据幕布大小决定影人数量，防止过度拥挤，主角、配角位置明确 7. 提示表演的音乐或语言开始时，影人必须出现在幕布上，不可"空幕"现象 8. 演出时影人不可相互重叠	10	
	语言符合角色特征（如语调、语气、语速、音量、音色等），特殊场景有配音	10	
	配乐符合剧情要求	5	
	有特效表演	5	
合作水平	表演秩序井然，团结协作，一气呵成	10	
工作记录	表格记录翔实，按要求粘贴照片	10	
反思总结和工作后记	反思总结和工作后记内容详细，表述清晰	5	

（续表）

评价意见	教师：_____ 日期：_____

（续表）

学习情境四 体育游戏

实训项目十二 体育教学游戏设计与组织

一、项目开展(学生填写)

(一)工作任务
( )班体育游戏

(二)工作要求
1. 小组成员人数不限,自选年龄班,共同确定游戏思路 2. 撰写详细的体育教学游戏方案,包括游戏目标、游戏准备(场地与材料)、游戏过程 3. 根据体育游戏需要,自制游戏材料 4. 小组组长模拟教师进行体育游戏教学,组员配合布置场地和组织游戏,其他组成员模拟幼儿参与游戏 5. 游戏结束后,各组成员相互交流和评价

(三)工作小组
班级:_____ 组长:_____ 组员:_____

(四)工作过程(共6步)
确定游戏思路➡撰写游戏方案➡自制游戏材料➡布置游戏场地➡模拟现场教学➡反思总结

1. 确定游戏思路	(1) 游戏名称:_____ (2) 游戏类型(单选,请打√) A. 接力游戏 B. 追拍游戏 C. 争夺游戏 D. 角力游戏 E. 猜摸游戏 (3) 游戏动作(多选,请打√,或者在横线上填写自选动作) A. 走 B. 跑 C. 跳 D. 投掷 E. 钻 F. 爬 G. 攀登 H. 其他_____

（续表）

	（4）游戏情节（此处说明游戏情节的设计思路，比如游戏借用了动画片《黑猫警长》的故事情节，黑猫警长抓坏蛋必须闯关4次，第一关过独木桥，第二关钻山洞，第三关爬山，第四关穿越电线网）
2. 撰写游戏方案	（1）游戏目标（至少填写三条，可从理解特定游戏规则、发展特定身体动作、感受竞争与合作的关系、发扬坚持到底等体育精神等方面设计）
	（2）游戏准备（简要文字表述） 场地： 材料：

（续表）

	（3）游戏过程（此处填写详细的游戏过程，包括导入与热身、讲解与示范、开展游戏、结束与放松运动等）

(续表)

3. 自制游戏材料	（1）材料类别（多选，请打√，或者在横线上填写自选材料） A. 布类　B. 绳类　C. 纸类　D. 瓶、罐类　E. 木、竹类　F. 混合类 G. 其他_____ （2）设计思路（此处说明材料设计的依据，比如体育游戏"绳子大闯关"中，用绳子制作成各种体育材料，可以实现"跳绳""翻绳""摘绳子上挂着的水果卡片""穿越封锁线"等，体现了简单材料的"一物多玩"） 粘贴自制游戏材料图
4. 布置游戏场地	（请在图上标出游戏运动路线，如果有队形变化，也可以说明） 粘贴场地布置图

（续表）

5. 模拟现场教学	粘贴活动过程图
6. 反思总结	（模拟教学的优点与不足）

（续表）

（续表）

（五）工作后记

（续表）

二、项目评价(教师填写)

体育教学游戏实训评分表(总分100分)

班级＿＿＿＿＿＿＿＿ 游戏名称＿＿＿＿＿＿＿＿＿＿＿＿ 总得分＿＿＿＿＿＿

项目	表 现	分值	得分
内容设计	游戏目标合理,符合幼儿生理、心理特点	10	
	游戏规则切实可行	10	
	游戏情节具有趣味性	5	
自制材料	能较好地为体育游戏服务,富有童趣	10	
	安全、卫生,适宜幼儿操作	10	
模拟教学	场地布置合理	10	
	示范规范,动作准确	10	
	运动量适宜,急缓结合	10	
	组员之间配合默契,合作愉快	10	
工作记录	表格记录翔实,按要求粘贴照片	10	
反思总结和工作后记	反思总结和工作后记内容详实,表述清晰	5	
评价意见			

教师:＿＿＿＿＿＿＿

日期:＿＿＿＿＿＿＿

实训项目十三　民间体育游戏改编

一、项目开展(学生填写)

（一）工作任务
（　　）班民间体育游戏改编

（二）工作要求

1. 小组成员 6～8 人，共同确定民间体育游戏主题，包括名称（如"丢沙包"）、类型等
2. 撰写详细的民间体育游戏方案，包括民间体育游戏原始方案、民间体育游戏改编方法（包括内容和形式）、民间体育游戏改编方案
3. 选择户外宽阔、安全的场地（如塑胶运动场），开展改编后的民间体育游戏。组长模拟教师组织游戏，组员模拟幼儿参与游戏，各组之间互相交流评价

（三）工作小组

班级：_____

组长：_____

组员：_____

（四）工作过程（共 4 步）

确定主题➡撰写方案➡现场组织➡反思总结

1. 确定主题	（1）游戏名称：_____ （2）游戏类型（单选，请打√，或者在横线上填写自选类型） A. 民间集体游戏　B. 民间小组游戏　C. 民间个别游戏 D. 其他_____ （3）选择和改编原因（此处说明为何要选择该民间游戏进行改编）

2. 撰写方案	（1）民间体育游戏原始方案（简要介绍民间体育游戏原始方案，包括游戏名称、游戏目标、适合年龄、参与人数、游戏准备、游戏玩法与规则）
	（2）民间体育游戏改编方法（说明改编的方法，可从一个切入点改编，也可从多个切入点改编。可改编游戏内容，如"丢沙包"改为"夹包跳""抛接沙包""顶沙包"等；也可改编游戏形式，如游戏队形、游戏人数、游戏材料等）

（续表）

	（3）民间体育游戏改编方案（详细介绍民间体育游戏改编方案，包括游戏名称、游戏目标、适合年龄、参与人数、游戏准备、游戏玩法与规则、指导要点、注意事项等）

（续表）

（续表）

3. 现场组织	粘贴民间体育游戏现场照片（改编后）
4. 反思总结	

（续表）

（续表）

（五）工作后记

二、项目评价(教师填写)

民间体育游戏改编实训评分表(总分100分)

班级＿＿＿＿＿＿＿＿ 游戏名称＿＿＿＿＿＿＿＿＿＿＿＿ 总得分＿＿＿＿＿

项目	表　现	分值	得分
游戏选择	经典民间体育游戏,普适性强	5	
	游戏内容丰富,适合进行多种改编	10	
方案设计	传统体育游戏方案表述清晰全面	10	
	能够对传统体育游戏内容和形式进行有效改编	10	
	改编后游戏方案适宜、合理、新颖	15	
环境创设	游戏场地布置合理,能根据需要进行动态变换或调整	10	
	游戏材料体现以下要求: 1. 能为幼儿基本动作发展提供支持 2. 材料的数量、种类、配置等满足改编后游戏活动的需要 3. 随改编内容和形式更新材料 4. 如果是自制材料,须安全实用、美观新颖	15	
现场组织	1. 教态自然大方,语言流利准确 2. 教学过程条理清晰、重点突出 3. 示范到位,组织有序,气氛活跃	10	
工作记录	表格记录翔实,按要求粘贴照片	10	
反思总结和工作后记	反思总结和工作后记内容详细,表述清晰	5	
评价意见			

（续表）

	教师：_____ 日期：_____

（续表）

实训项目十四　感官游戏设计①

一、项目开展（学生填写）

（一）工作任务 （　　）班感官游戏设计	

（二）工作要求
1. 小组成员 6～8 人，共同确定感官游戏主题名称（如"水的秘密"）
2. 撰写详细的感官游戏设计方案，包括游戏目标、游戏环境（场地与材料）、游戏规则、游戏内容
3. 各小组准备感官游戏材料，请一名成员介绍本组感官游戏内容，其他组成员和教师体验游戏并进行评价

（三）工作小组
班级：_____
组长：_____
组员：_____

（四）工作过程（共 4 步）
确定主题➡设计方案➡现场展示➡反思总结

1. 确定主题	（1）主题名称：_____ （2）主题类型（单选，请打√，或者在横线上填写自选形式） A. 单一感官训练　B. 综合感官训练　C. 其他_____ （3）设计原因（简要介绍该主题的设计原因）

① 对应《幼儿园游戏活动实践指导》学习情境五中的"子情境一　感官游戏"。

（续表）

2. 设计方案	（1）游戏目标（至少填写三条,可从游戏主题认知、感官发展、材料选择与使用、游戏态度与情感体验、语言交流、动作交往、规则遵守、习惯养成等角度设计）
	（2）游戏环境（场地和材料）
	游戏场地（单选,请打√,或者在横线上填入自选形式）: A. 专门感官区　B. 感官桌　C. 感官箱或感官盒　D. 其他_____
	游戏材料（包括成品材料和半成品材料,说明名称、数量和作用,还需说明可提供哪些辅助道具丰富游戏内容,如何根据游戏内容的发展不断更新材料）
	（3）游戏规则（包括游戏人数控制、材料使用、游戏时间等）

	（4）游戏内容（说明可以开展哪些游戏内容，如"水的秘密"的游戏内容可以有"游戏一 触摸水气球""游戏二 水宝宝搬家""游戏三 水底寻宝"等。说明每一个子游戏的玩法，比如"游戏一 触摸水气球"，将不同材质的物体，如石头、小玩具、树叶等装进气球，灌水扎紧，系在晾衣绳上，游戏参与者可以观察和触摸水气球，说出气球里面藏有什么物体，猜对者可以获得一枚印章）

（续表）

3. 现场展示	粘贴感官游戏现场照片（整体或细节图）
4. 反思总结	

（续表）

（五）工作后记

（续表）

（五）工作后记

二、项目评价(教师填写)

感官游戏设计实训评分表(总分100分)

班级＿＿＿＿＿＿＿＿　　主题名称＿＿＿＿＿＿＿＿＿＿＿＿＿＿　　总得分＿＿＿＿＿＿

项目	表现	分值	得分
主题选择	适合进行感官训练	5	
	难度符合该年龄段特点	5	
	有新意	5	
方案设计	游戏目标全面、合理	5	
	游戏内容丰富,主题之下至少包括三个子游戏	10	
	每个子游戏的玩法和规则明确,趣味性强	10	
环境创设	感官游戏场地能够满足幼儿游戏需要,可以融入家庭、户外、区角等场地中	10	
	材料投放能够做到: 1. 主体材料能为幼儿感官发展提供支持 2. 材料的数量、种类、配置等满足活动需要 3. 可以适时调整和更新	20	
现场展示	示范到位,组织有序,气氛活跃	10	
工作记录	表格记录翔实,按要求粘贴照片	10	
反思总结和工作后记	反思总结和工作后记内容详细,表述清晰	10	
评价意见			

（续表）

	教师：＿＿＿＿＿＿ 日期：＿＿＿＿＿＿

实训项目十五

语言游戏设计与组织①

一、项目开展（学生填写）

（一）工作任务
（　　　）班语言游戏

（二）工作要求
1. 小组成员人数不限，自选年龄班，共同确定游戏思路 2. 撰写详细的语言游戏方案，包括游戏目标、游戏准备、游戏玩法和规则、游戏过程 3. 根据语言游戏需要，准备游戏材料 4. 小组组长模拟教师进行语言游戏教学，本组组员配合布置场地和组织游戏，其他组成员模拟幼儿参与游戏 5. 游戏结束后，各组成员相互交流和评价

（三）工作小组
班级：_____ 组长：_____ 组员：_____

（四）工作过程（共 5 步）	
确定游戏名称➡撰写游戏方案➡准备游戏材料➡现场模拟教学➡反思总结	
1. 确定游戏名称	（1）游戏名称：_____ （2）游戏类型（单选，请打√） A. 语音游戏　B. 词汇游戏　C. 句子游戏　D. 描述游戏　E. 文字游戏 F. 综合游戏 （3）设计原因（比如，小班幼儿发不准 z c s 和 zh ch sh 这几个音，针对该问题设计相应的语音游戏、练习发音）

---

① 对应《幼儿园游戏活动实践指导》学习情境五中的"子情境二　语言游戏"。

（续表）

2. 撰写游戏方案	
	（1）游戏目标（2～3条）
	（2）游戏准备（简要文字表述） 场地： 材料：
	（3）游戏玩法和规则（详细说明）

（续表）

（续表）

	（4）游戏过程（此处填写详细的游戏过程，包括导入、讲解、示范、开展、结束活动等）
3. 准备游戏材料	（说明游戏材料如何使用） 粘贴游戏材料图

（续表）

（续表）

4. 模拟现场教学	粘贴活动过程图
5. 反思总结	（模拟现场教学的优点与不足）

（续表）

（五）工作后记

（续表）

二、项目评价

语言游戏实训评分表(总分 100 分)

班级＿＿＿＿＿＿＿＿　　游戏名称＿＿＿＿＿＿＿＿＿＿＿＿　　总得分＿＿＿＿＿＿

项目	表　现	分值	得分
方案设计	游戏目标合理,符合幼儿的最近发展区	10	
	内容得当,具有趣味性	10	
游戏材料	操作性强,符合幼儿年龄特点	10	
	能较好地为语言活动服务	10	
现场教学	游戏情境创设合适	10	
	场地布置合理	10	
	游戏过程完整	10	
	示范规范,语言简明生动	10	
工作记录	表格记录翔实,按要求粘贴照片	10	
反思总结和工作后记	反思总结和工作后记内容详细,表述清晰	10	
评价意见			

教师:＿＿＿＿＿＿＿

日期:＿＿＿＿＿＿＿

实训项目十六
数学游戏设计①

一、项目开展（学生填写）

（一）工作任务 （　　）班数学游戏设计 游戏名称：＿＿＿＿＿＿＿＿＿＿＿＿＿＿＿＿＿＿
（二）工作要求 1. 小组成员人数不限，设计一个可以在数学区使用的数学游戏 2. 共同确定数学游戏主题（如中班数学游戏"种花"） 3. 撰写数学游戏方案，包括游戏目标、游戏材料、游戏玩法与规则 4. 小组成员分工自制游戏材料 5. 组长介绍本组游戏，其他组成员和教师体验游戏并进行评价
（三）工作小组 班级：＿＿＿＿＿＿＿ 组长：＿＿＿＿＿＿＿ 组员：＿＿＿＿＿＿＿＿＿＿＿＿＿＿＿＿＿＿＿＿＿＿＿＿
（四）工作过程（共4步） 确定游戏名称➡设计方案➡现场展示➡反思总结

1. 确定游戏名称	（1）游戏名称：＿＿＿＿＿＿＿＿＿＿＿＿＿＿＿＿＿＿ （2）游戏类型（可多选，请打√，或者在横线上填写自选类型） A. 集合　B. 数　C. 量　D. 模式　E. 几何与空间　F. 时间 G. 其他＿＿＿＿＿＿ （3）设计原因

① 对应《幼儿园游戏活动实践指导》学习情境五中的"子情境三　数学游戏"。

(续表)

2. 设计方案	(1) 游戏目标(可以是单一目标,也可以是综合目标。如数学游戏"种花":可以发展幼儿的对应、排序、数的加减等能力)
	(2) 游戏材料(包括成品材料和半成品材料,如"种花"材料构成有纸质较硬的鞋盒若干、彩色打印并塑封的小花、ABAB 等排序卡、10 以内数字卡等)
	(3) 游戏规则(包括游戏人数控制、材料使用、游戏时间等)

（续表）

<table>
<tr><td rowspan="3"></td><td colspan="3">（4）游戏内容与玩法（填入游戏内容、对应的材料及具体的游戏玩法，如"种花"的游戏内容包括 ABAB 或 ABBABB 多种排序方式，10 以内数与量的对应等）</td></tr>
<tr><td>游戏内容</td><td>材料提供</td><td>游戏玩法</td></tr>
<tr><td></td><td></td><td></td></tr>
</table>

<table>
<tr><td>3. 现场展示</td><td>粘贴数学游戏材料图（整体或细节图）</td></tr>
<tr><td>4. 反思总结</td><td></td></tr>
</table>

（续表）

（五）工作后记

（续表）

二、项目评价（教师填写）

数学游戏设计实训评分表（总分 100 分）

班级＿＿＿＿＿＿＿＿　　游戏名称＿＿＿＿＿＿＿＿＿＿＿＿　　总得分＿＿＿＿＿

项目	表　现	分值	得分
方案设计	游戏目标恰当,能够发展幼儿的数学能力	10	
	游戏玩法和规则明确	10	
	游戏内容丰富,有趣味性	20	
材料投放	游戏材料能较好地实现游戏目标	10	
	游戏材料安全、卫生、美观	10	
现场组织	游戏讲解和示范清晰,能调动游戏者的参与兴趣	20	
工作记录	表格记录翔实,按要求粘贴照片	10	
反思总结和工作后记	反思总结和工作后记内容详细,表述清晰	10	
评价意见			

教师：＿＿＿＿＿＿＿

日期：＿＿＿＿＿＿＿

实训项目十七 棋类游戏设计①

一、项目开展(学生填写)

(一)工作任务 (　　)班棋类游戏设计
(二)工作要求 1. 小组成员6~8人,共同确定游戏主题(如自然主题、社会主题、奇幻主题等)和游戏目标 2. 根据主题和受众年龄(小、中、大班)设计游戏棋,填写游戏设计方案,并根据设计方案制作游戏棋,记录制作过程 3. 介绍本组自制的游戏棋(主要介绍游戏背景、演示游戏玩法、调动他组的兴趣),并将游戏棋交由其他组试玩 4. 搜集其他组试玩的反馈意见,进行反思总结 5. 其他组成员对已试玩的游戏棋进行评价,教师对各小组的游戏棋进行评价
(三)工作小组 班级:＿＿＿＿＿＿＿ 组长:＿＿＿＿＿＿＿ 组员:＿＿＿＿＿＿＿＿＿＿＿＿＿＿＿＿＿＿＿＿＿＿＿＿＿＿＿＿＿＿＿＿＿＿
(四)工作过程(共4步) 设计游戏➡制作游戏棋➡展示作品➡反思总结

1. 设计游戏	(1) 选择游戏主题(单选,请打√,或者在横线上填写自选的主题) A. 自然　B. 社会　C. 奇幻　D. 其他＿＿＿＿＿＿ (2) 确定游戏名称:＿＿＿＿＿＿＿＿＿＿＿＿＿＿＿＿＿＿ (3) 拟定游戏目标(至少填写三条,可参考游戏主题的特点,从记忆、想象、思维、言语等心理认知发展,游戏能力,游戏态度与情感体验等角度设计)

---

① 对应《幼儿园游戏活动实践指导》学习情境五中的"子情境四　棋类游戏"。

（续表）

	（3）记录与主题和目标有关的想法(越多越好,可以是文字或图片)
	（4）发现并讨论令人欣喜的灵感
	（5）筛查灵感,确定并细化主题内容(包括游戏棋的角色、故事背景、情节等,可以事先拟定,也可后续补充)

（续表）

（续表）

	（6）选择适合的游戏机制，并拟写游戏玩法和规则 游戏机制（可多选，请打√）： A. 掷骰子或转转盘 B. 图案识别 C. 记忆配对 D. 板块拼放 E. 手牌管理 F. 讲故事 G. 表演 H. 模式搭建 I. 区域控制 J. 元素集合 K. 交易 L. 对弈 M. 地面游戏 游戏玩法和规则：
2. 制作游戏棋	（1）绘制游戏棋原型（在下面空白处绘制草图或粘贴草图照片）

（续表）

（2）制作棋盘、棋子、辅助物（制作时请考虑：所有材料安全卫生；成品具体形象，适宜幼儿理解；成品大小适中，方便幼儿操作。此处说明棋盘、棋子、辅助物的制作材料）
（3）多次试玩、检验并调整游戏内容和机制（记录每次试玩的体验、发现的不足、调整的详情）

（续表）

（续表）

3. 展示作品	游戏名称：＿＿＿＿＿＿＿＿＿＿＿＿＿＿＿＿＿＿＿＿ 游戏背景（即故事背景）： ＿＿＿＿＿＿＿＿＿＿＿＿＿＿＿＿＿＿＿＿＿＿＿＿＿＿＿＿ ＿＿＿＿＿＿＿＿＿＿＿＿＿＿＿＿＿＿＿＿＿＿＿＿＿＿＿＿ ＿＿＿＿＿＿＿＿＿＿＿＿＿＿＿＿＿＿＿＿＿＿＿＿＿＿＿＿ ＿＿＿＿＿＿＿＿＿＿＿＿＿＿＿＿＿＿＿＿＿＿＿＿＿＿＿＿ ＿＿＿＿＿＿＿＿＿＿＿＿＿＿＿＿＿＿＿＿＿＿＿＿＿＿＿＿ 游戏配件： （填写参见《幼儿园游戏活动实践指导》第 142 页的游戏棋"果园"，其配件包含 1 个乌鸦棋子，1 颗骰子，40 张水果图片，9 张道路卡片，1 张果园卡，4 张篮子卡） ＿＿＿＿＿＿＿＿＿＿＿＿＿＿＿＿＿＿＿＿＿＿＿＿＿＿＿＿ ＿＿＿＿＿＿＿＿＿＿＿＿＿＿＿＿＿＿＿＿＿＿＿＿＿＿＿＿ ＿＿＿＿＿＿＿＿＿＿＿＿＿＿＿＿＿＿＿＿＿＿＿＿＿＿＿＿ ＿＿＿＿＿＿＿＿＿＿＿＿＿＿＿＿＿＿＿＿＿＿＿＿＿＿＿＿ ＿＿＿＿＿＿＿＿＿＿＿＿＿＿＿＿＿＿＿＿＿＿＿＿＿＿＿＿ 游戏年龄：＿＿＿＿＿＿＿＿＿＿＿＿＿＿＿＿＿＿＿＿＿＿ 游戏人数：＿＿＿＿＿＿＿＿＿＿＿＿＿＿＿＿＿＿＿＿＿＿ 游戏准备（此处说明游戏前的角色分配和配件放置）：＿＿＿＿＿＿ ＿＿＿＿＿＿＿＿＿＿＿＿＿＿＿＿＿＿＿＿＿＿＿＿＿＿＿＿ ＿＿＿＿＿＿＿＿＿＿＿＿＿＿＿＿＿＿＿＿＿＿＿＿＿＿＿＿ 游戏玩法： ＿＿＿＿＿＿＿＿＿＿＿＿＿＿＿＿＿＿＿＿＿＿＿＿＿＿＿＿ ＿＿＿＿＿＿＿＿＿＿＿＿＿＿＿＿＿＿＿＿＿＿＿＿＿＿＿＿ ＿＿＿＿＿＿＿＿＿＿＿＿＿＿＿＿＿＿＿＿＿＿＿＿＿＿＿＿ ＿＿＿＿＿＿＿＿＿＿＿＿＿＿＿＿＿＿＿＿＿＿＿＿＿＿＿＿ ＿＿＿＿＿＿＿＿＿＿＿＿＿＿＿＿＿＿＿＿＿＿＿＿＿＿＿＿ ＿＿＿＿＿＿＿＿＿＿＿＿＿＿＿＿＿＿＿＿＿＿＿＿＿＿＿＿ ＿＿＿＿＿＿＿＿＿＿＿＿＿＿＿＿＿＿＿＿＿＿＿＿＿＿＿＿ 游戏结束（即获胜条件和失败条件）： ＿＿＿＿＿＿＿＿＿＿＿＿＿＿＿＿＿＿＿＿＿＿＿＿＿＿＿＿ ＿＿＿＿＿＿＿＿＿＿＿＿＿＿＿＿＿＿＿＿＿＿＿＿＿＿＿＿ ＿＿＿＿＿＿＿＿＿＿＿＿＿＿＿＿＿＿＿＿＿＿＿＿＿＿＿＿ ＿＿＿＿＿＿＿＿＿＿＿＿＿＿＿＿＿＿＿＿＿＿＿＿＿＿＿＿

（续表）

	粘贴游戏棋成品照片,包括棋盘、棋子、辅助物和玩法说明书
4. 反思总结	

（续表）

（续表）

（五）工作后记

（续表）

二、项目评价（教师填写）

棋类游戏实训评分表（总分 100 分）

班级_____　　　　游戏名称_____　　　总得分_____

项目	表　现	分值	得分
游戏设计	设计内容符合选定主题、选定机制、受众年龄	10	
	故事背景富有创意和童趣	10	
	规则清晰易懂	10	
	运气与策略成分比例适中	10	
游戏制作	棋盘、棋子、棋规、辅助物具体形象,适合幼儿理解	10	
	棋盘、棋子、辅助物安全卫生,大小适中,适合幼儿操作	10	
游戏展示	激发其他小组的持续关注与兴趣	10	
	解释棋规清晰易懂,示范规范	10	
工作记录	表格记录翔实,按要求粘贴照片	10	
反思总结和工作后记	反思总结和工作后记内容详细,表述清晰	10	
评价意见			

教师:_____

日期:_____

实训项目十八

歌唱游戏设计与组织

一、项目开展（学生填写）

（一）工作任务
（　　）班歌唱游戏
（二）工作要求 1. 小组成员人数不限，自选年龄班，共同确定游戏思路 2. 撰写详细的歌唱教学游戏方案，包括游戏目标、游戏准备（场地与材料）、游戏过程 3. 根据歌唱游戏需要，准备游戏材料 4. 小组组长模拟教师进行歌唱游戏教学，本组组员配合布置场地和组织游戏，其他组成员模拟幼儿参与游戏 5. 游戏结束后，各组成员相互交流和评价
（三）工作小组 班级：_____ 组长：_____ 组员：_____
（四）工作过程（共 6 步） 确定歌唱曲目➡撰写游戏方案➡准备游戏材料➡布置游戏场地➡模拟现场教学➡反思总结

1. 确定歌唱曲目	（1）游戏名称：_____ （2）内容来源（单选，请打√）：A. 中国儿歌　B. 外国儿歌

（续表）

2. 撰写游戏方案	（1）游戏目标（书写三条，分别为认知目标、能力目标和情感目标）
	（2）游戏准备（简要文字表述） 场地： 材料：
	（3）游戏过程（此处填写详细的游戏过程，包括导入、讲解与示范游戏规则、开展游戏、结束等）

（续表）

3. 准备游戏材料	（此处说明游戏材料如何辅助游戏教学） 粘贴游戏材料图
4. 布置游戏场地	（此处说明游戏场地如何辅助游戏教学） 粘贴场地布置图

（续表）

（续表）

5. 模拟现场教学	粘贴活动过程图
6. 反思总结	（模拟教学的优点与不足）

（续表）

（续表）

（五）工作后记

（续表）

二、项目评价（教师填写）

歌唱游戏实训评分表（总分 100 分）

班级_____　　游戏名称_____　　总得分_____

项目	表现	分值	得分
内容设计	游戏目标符合幼儿身心发展水平	10	
	歌曲选择符合幼儿的认知水平	5	
	游戏规则明确	5	
	游戏情节有趣	10	
	游戏过程合理	10	
材料准备	游戏材料能够很好地服务于歌唱教学	5	
	游戏材料制作精美	5	
	游戏材料安全卫生	5	
模拟教学	游戏场地布置合理	5	
	歌曲示范准确，富有表现力	10	
	模拟教学有条不紊，过程完整且有趣	10	
工作记录	表格记录翔实，按要求粘贴照片	10	
反思总结和工作后记	反思总结和工作后记内容详细，表述清晰	10	
评价意见			

　　　　　　　　　　　　　　　　　　　　　　　　　　　教师：_____

　　　　　　　　　　　　　　　　　　　　　　　　　　　日期：_____

实训项目十九　律动游戏设计与组织

一、项目开展（学生填写）

（一）工作任务
（　　　）班律动游戏

（二）工作要求
1. 小组成员人数不限，自选年龄班，共同确定游戏思路 2. 撰写详细的律动教学游戏方案，包括游戏目标、游戏准备（场地与材料）、游戏过程 3. 根据律动游戏需要，准备游戏材料 4. 小组组长模拟教师进行律动游戏教学，本组组员配合布置场地和组织游戏，其他组成员模拟幼儿参与游戏 5. 游戏结束后，各组成员相互交流和评价

（三）工作小组
班级：_____ 组长：_____ 组员：_____

（四）工作过程（共6步）	
确定音乐曲目➡撰写游戏方案➡准备游戏材料➡布置游戏场地➡模拟现场教学➡反思总结	

1. 确定音乐曲目	（1）游戏名称：_____ （2）内容来源（单选，请打√）：A. 中外经典儿歌　B. 器乐曲
2. 撰写游戏方案	（1）游戏目标（书写三条，分别为认知目标、能力目标和情感目标）

（续表）

（2）游戏准备（简要文字表述）

场地：

材料：

（3）游戏过程（此处填写详细的游戏过程，包括导入、讲解与示范游戏规则、
　　开展游戏、结束等）

（续表）

（续表）

3. 准备游戏材料	（此处说明游戏材料如何辅助游戏教学） 粘贴教具图
4. 布置游戏场地	（此处说明游戏场地如何辅助游戏教学） 粘贴场地布置图

（续表）

（续表）

5. 模拟现场教学	粘贴活动过程图
6. 反思总结	（模拟教学的优点与不足）

（续表）

（续表）

（五）工作后记

（续表）

二、项目评价（教师填写）

律动游戏实训评分表（总分100分）

班级＿＿＿＿＿＿＿＿　　游戏名称＿＿＿＿＿＿＿＿＿＿＿　　总得分＿＿＿＿＿

项目	表现	分值	得分
内容设计	游戏目标符合幼儿身心发展水平	10	
	音乐选择符合幼儿认知水平	5	
	游戏规则明确	5	
	游戏情节有趣	10	
	游戏过程合理	10	
材料准备	游戏材料能够很好地服务于律动教学	5	
	游戏材料制作精美	5	
	游戏材料安全卫生	5	
模拟教学	游戏场地布置合理	5	
	动作示范准确，富有表现力	10	
	模拟教学有条不紊，过程完整且有趣	10	
工作记录	表格记录翔实，按要求粘贴照片	10	
反思总结和工作后记	反思总结和工作后记内容详细，表述清晰	10	
评价意见			

教师：＿＿＿＿＿＿

日期：＿＿＿＿＿＿

实训项目二十
奏乐游戏设计与组织

一、项目开展（学生填写）

（一）工作任务 （　　）班奏乐游戏	

（二）工作要求

1. 小组成员人数不限，自选年龄班，共同确定游戏思路
2. 撰写详细的奏乐教学游戏方案，包括游戏目标、游戏准备（场地与材料）、游戏过程
3. 根据奏乐游戏需要，准备游戏材料
4. 小组组长模拟教师进行奏乐游戏教学，本组组员配合布置场地和组织游戏，其他组成员模拟幼儿参与游戏
5. 游戏结束后，各组成员相互交流和评价

（三）工作小组

班级：＿＿＿＿＿＿＿

组长：＿＿＿＿＿＿＿

组员：＿＿＿＿＿＿＿＿＿＿＿＿＿＿＿＿＿＿＿＿＿＿＿＿＿

（四）工作过程（共6步）

确定音乐曲目➡撰写游戏方案➡准备游戏材料➡布置游戏场地➡模拟现场教学➡反思总结

1. 确定音乐曲目	（1）游戏名称：＿＿＿＿＿＿＿＿＿＿＿＿＿＿＿＿ （2）内容来源（单选，请打√）：A. 中外经典儿歌　B. 器乐曲
2. 撰写游戏方案	（1）游戏目标（书写三条，分别为认知目标、能力目标和情感目标）

（续表）

	（2）游戏准备（简要文字表述） 场地： 材料：
	（3）游戏过程（此处填写详细的游戏过程，包括导入、讲解与示范游戏规则、开展游戏、结束等）

（续表）

（续表）

3. 准备游戏材料	（1）材料类型（可多选，请打√，或者在横线上填写自选乐器） A. 鼓类乐器　B. 散响类乐器　C. 金属类乐器　D. 木质类乐器　E. 音乐乐器　F. 自制乐器　G. 其他_____ （2）材料作用 （此处说明游戏材料如何辅助开展游戏教学） 粘贴教具图
4. 布置游戏场地	（此处说明游戏场地如何辅助开展游戏教学） 粘贴场地布置图

（续表）

5. 模拟现场教学	粘贴活动过程图
6. 反思总结	（模拟教学的优点与不足）

（续表）

（续表）

（五）工作后记

（续表）

二、项目评价(教师填写)

奏乐游戏实训评分表(总分100分)

班级＿＿＿＿＿＿＿＿　　游戏名称＿＿＿＿＿＿＿＿＿＿＿＿　　总得分＿＿＿＿＿

项目	表　现	分值	得分
内容设计	游戏目标符合幼儿身心发展水平	10	
	音乐选择符合幼儿认知水平	5	
	游戏规则明确	5	
	游戏情节有趣	5	
	游戏过程合理	10	
乐器选择	符合配器原则	10	
	适合幼儿演奏	10	
模拟教学	游戏场地布置合理	5	
	演奏示范准确,富有表现力	10	
	模拟教学有条不紊,过程完整且有趣	10	
工作记录	表格记录翔实,按要求粘贴照片	10	
反思总结和工作后记	反思总结和工作后记内容详细,表述清晰	10	
评价意见			

教师:＿＿＿＿＿＿＿

日期:＿＿＿＿＿＿＿

附　　录

学生成绩登记表

学校_____　　院系_____　　班级_____

姓名_____　　学号_____

序号	实训项目	得分
1	角色游戏设计	
2	角色游戏观察记录	
3	结构游戏设计	
4	结构游戏观察记录	
5	主题建构	
6	七巧板拼接	
7	表演游戏设计	
8	表演游戏观察记录	
9	木偶表演	
10	手影表演	
11	皮影表演	
12	体育教学游戏设计与组织	
13	民间体育游戏改编	
14	感官游戏设计	
15	语言游戏设计与组织	
16	数学游戏设计	
17	棋类游戏设计	
18	歌唱游戏设计与组织	
19	律动游戏设计与组织	
20	奏乐游戏设计与组织	
平均分数		

图书在版编目(CIP)数据

幼儿园游戏活动实训手册/廖贵英,张子建主编.—上海:复旦大学出版社,2019.8
(2023.2 重印)
高等职业教育学前教育专业系列教材
ISBN 978-7-309-14469-7

Ⅰ.①幼…　Ⅱ.①廖…②张…　Ⅲ.①学前教育-游戏课-高等职业教育-教学参考资料
Ⅳ.①G613.7

中国版本图书馆 CIP 数据核字(2019)第 144672 号

幼儿园游戏活动实训手册
廖贵英　张子建　主编
责任编辑/赵连光

复旦大学出版社有限公司出版发行
上海市国权路 579 号　邮编:200433
网址:fupnet@ fudanpress. com　　http://www. fudanpress. com
门市零售:86-21-65102580　　团体订购:86-21-65104505
出版部电话:86-21-65642845
上海新艺印刷有限公司

开本 890×1240　1/16　印张 9　字数 223 千
2019 年 8 月第 1 版
2023 年 2 月第 1 版第 4 次印刷

ISBN 978-7-309-14469-7/G·1997
定价:28.00 元